yukismart.com/b/e60006

baby

bebek

jongen

oğlan

vrienden

arkadaşlar

meisje

kız

glimlachen

gülümsemek

huilen

ağlamak

haar

saç

oog

göz

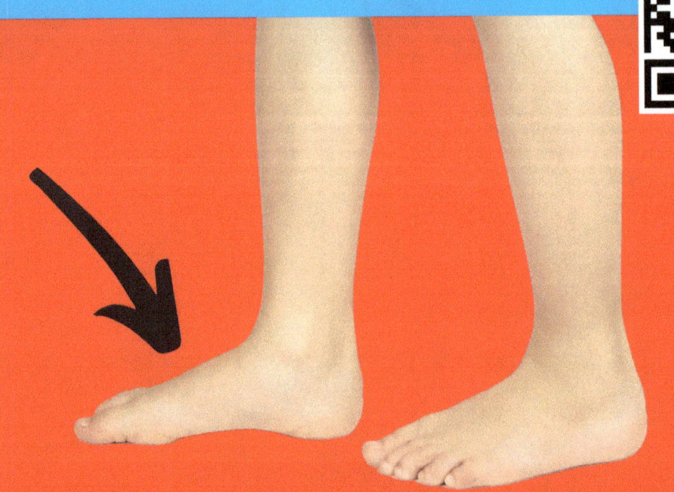

voet

ayak

hand

el

neus

burun

tanden

dişler

oor

kulak

tong

dil

zon

güneş

maan

ay

ster

yıldız

boom

ağaç

vogel

kuş

jas

palto

broek

pantolon

jurk

elbise

schoenen

ayakkabı

rood

kırmızı

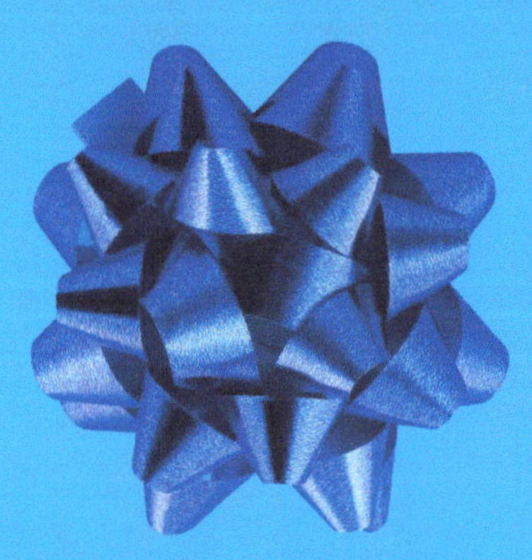

blauw

mavi

geel

sarı

roze

pembe

wit
beyaz
groen
yeşil
zwart
siyah

veelkleurig
rengârenk

regenboog

gökkuşağı

appel

elma

banaan

muz

tomaat

domates

sinaasappel

portakal

wortel

havuç

erwten

bezelye

aardappel

patates

maïs

mısır

citroen

limon

druiven

üzüm

peer

armut

watermeloen

karpuz

courgette

kabak

ei

yumurta

paddenstoel

mantar

vierkant

kare

cirkel

daire

rechthoek

dikdörtgen

driehoek

üçgen

kat

kedi

hond

köpek

vis

balık

koe

inek

eend

ördek

kuiken

civciv

kip

tavuk

kikker

kurbağa

varken

domuz

konijn

tavşan

muis

fare

paard

at

schaap

koyun

bloem

çiçek

vlinder

kelebek

lieveheersbeestje

uğur böceği

slak

salyangoz

taart

pasta

brood

ekmek

klok

saat

sleutel

anahtar

boek

kitap

bal

top

tafel

masa

bord

tabak

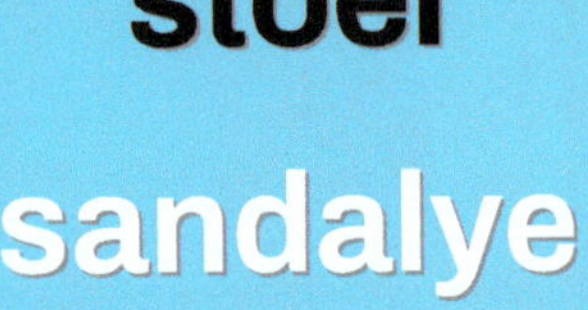

stoel

sandalye

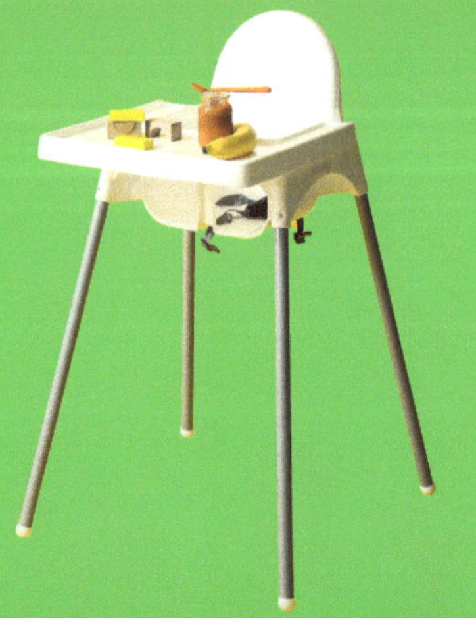

kinderstoeltje

mama sandalyesi

vork
çatal

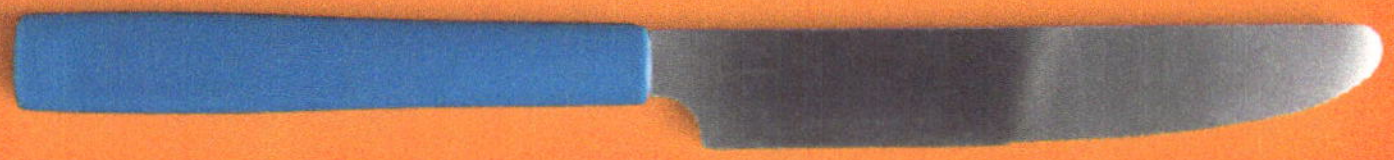

mes
bıçak

lepel
kaşık

beker
kupa

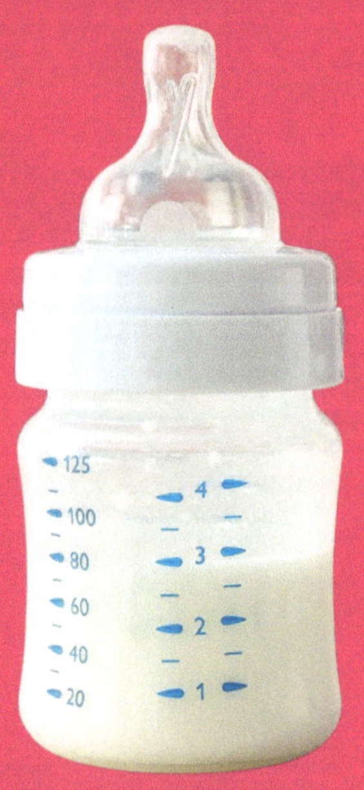

babyflesje

biberon

glas

bardak

bed

yatak

wieg

beşik

teddybeer

oyuncak ayı

speen

emzik

handdoek

havlu

wastafel

lavabo

tandenborstel

diş fırçası

zeep

sabun

toilet

tuvalet

potje

lazımlık

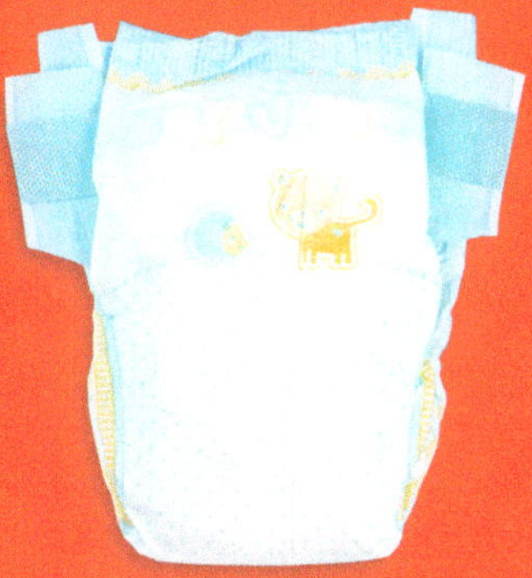

luier

bebek bezi

auto

araba

fiets

bisiklet

vliegtuig

uçak

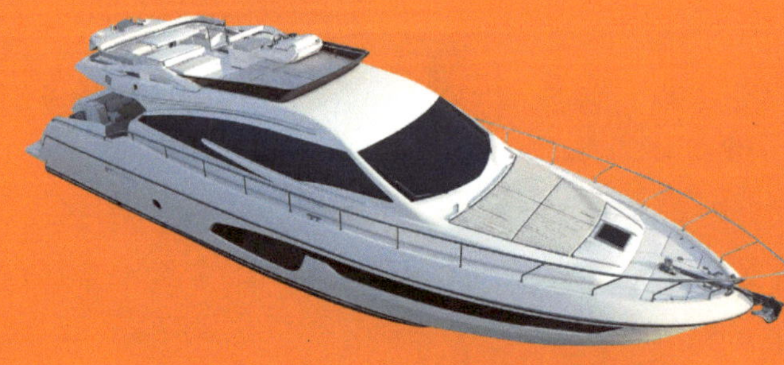

boot

tekne

brandweerwagen

itfaiye arabası

trein

tren

speelgoed

oyuncaklar

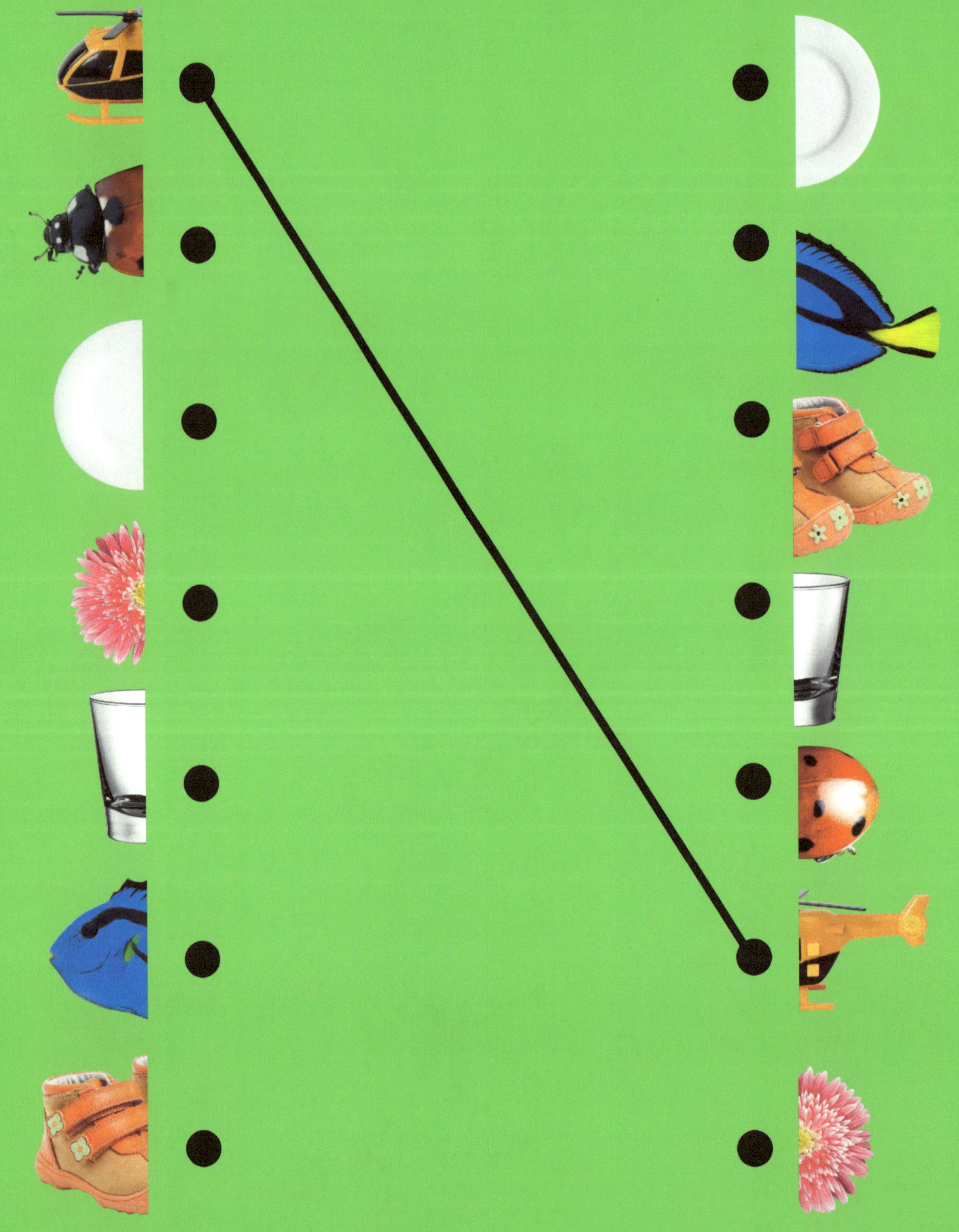